I0843558

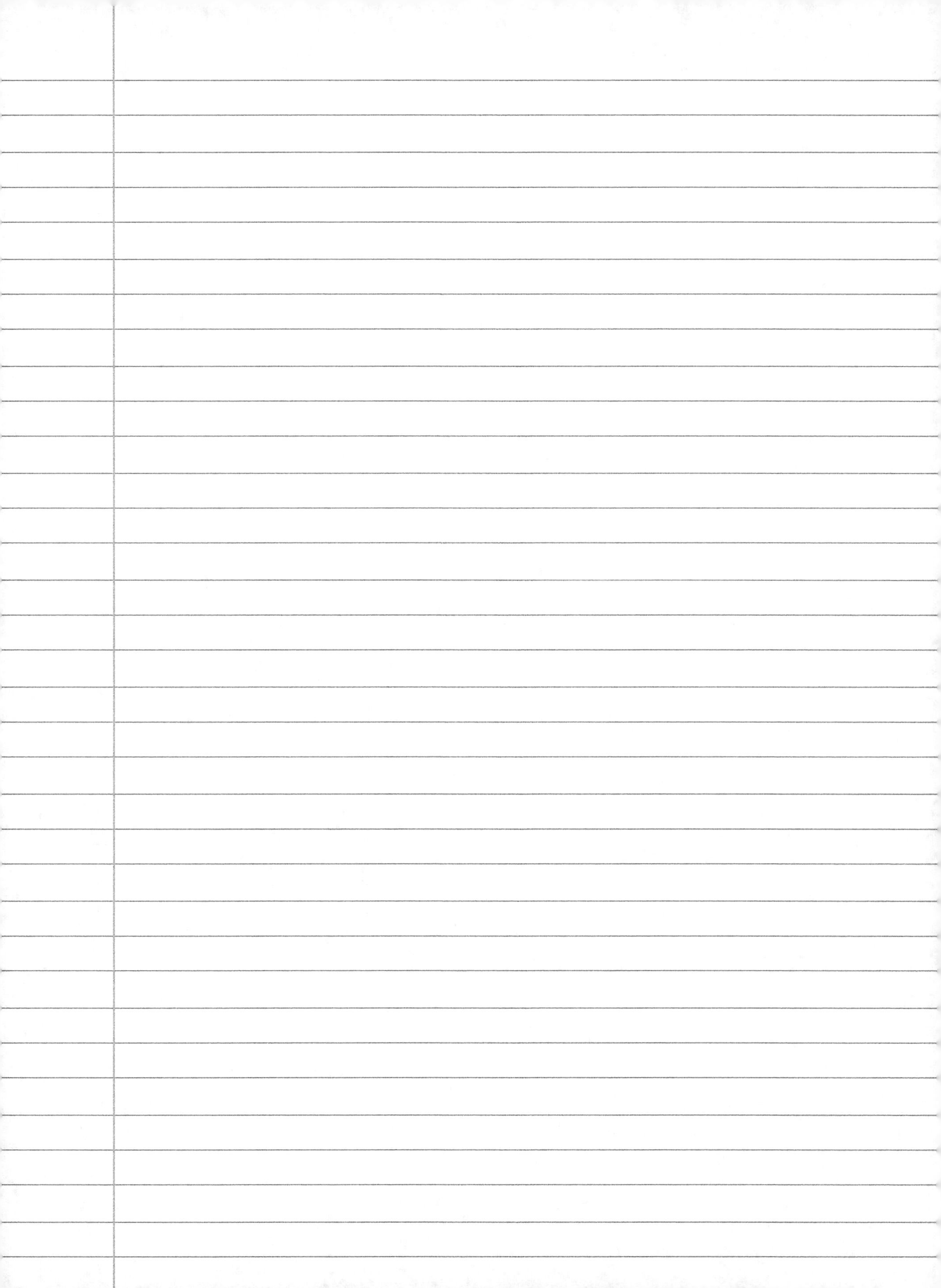